MINISTÉRIO DA VISITAÇÃO

Pe. Antonio Carlos Vanin Barreiro, C.Ss.R.

MINISTÉRIO DA VISITAÇÃO

Evangelizar resgatando a vida e a esperança

(Edição revista)

EDITORA
SANTUÁRIO

DIREÇÃO EDITORIAL:
Pe. Fábio Evaristo R. Silva, C.Ss.R.

REVISÃO:
Bruna Vieira da Silva

COORDENAÇÃO EDITORIAL:
Ana Lúcia de Castro Leite

DIAGRAMAÇÃO E CAPA:
José Antonio dos Santos Junior

Dados Internacionais de Catalogação na Publicação (CIP)
(Câmara Brasileira do Livro, SP, Brasil)

Barreiro, Antonio Carlos Vanin
 Ministério da Visitação: evangelizar resgatando a vida e a esperança / Antonio Carlos Vanin Barreiro. – Aparecida, SP: Editora Santuário, 2006.

Bibliografia.
ISBN 85-369-0001-6

1. Visitações pastorais I. Título.

05-3948   CDD-253.76

Índices para catálogo sistemático:

1. Ministério da Visitação: Métodos pastorais:
 Cristianismo 253.76
2. Visitações pastorais: Cristianismo 253.76

4ª impressão

Todos os direitos reservados à **EDITORA SANTUÁRIO** — 2019

Rua Padre Claro Monteiro, 342 — 12570-000 — Aparecida-SP
Tel.: 12 3104-2000 — Televendas: 0800 16 00 04
www.editorasantuario.com.br
vendas@editorasantuario.com.br

*A Elsa e Ana Luíza, com quem partilhei
a graça e o sabor de muitas visitas.
E àqueles que, ontem como hoje,
sonham uma
Igreja servidora, próxima e solidária,
comprometida com a vida!*

SUMÁRIO

Apresentação 9
Igreja para um novo milênio 13

1. Os Ministérios na Igreja 21
   1. Origem e significado eclesial dos ministérios 21
   2. Os ministérios nas primeiras comunidades cristãs .. 24
   3. A prática da Igreja Primitiva
      ilumina nossa compreensão hoje 27
   4. Relação entre "ministério" e "carisma" 29
   5. Grupos de ministérios 31
   6. Por uma Igreja mais ministerial 33
   7. Batismo: fundamento e raiz
      de todo serviço ministerial 34
   8. Cristãos leigos: fermento na massa 35

2. Significado Socioantropológico da Visita 37
   1. Um gesto ancestral e rico
      de significados simbólicos 37
   2. Internautas da solidão 38
   3. O brilho das megalópoles 41
   4. Como ovelhas sem pastor (Mt 9,36) 43

3. Dimensão Salvífica da Visitação na Bíblia 45
 1. Deus visita seu povo 45
 2. Em Jesus, a visita de Deus
    torna-se morada permanente 47
 3. Jesus se fez próximo e foi ao encontro das pessoas...49
 4. Jesus frequentava as casas e visitava as famílias ...51
 5. As primeiras comunidades cristãs nasceram nas casas...54
 6. O Evangelho anunciado no encontro pessoal 56

4. Organização do Ministério da Visitação 59
 1. "Hoje a salvação entrou nesta casa!" (Lc 19,1-10)..59
 2. Uma pastoral permanente e organizada 61
 3. O trabalho das visitas 63
 4. Os Ministros da Visitação 65
 5. Formação e espiritualidade 66
 6. Celebração de Envio 67

5. A Visita de Maria a Isabel 69
 1. Fonte de inspiração para a mística da Visitação 69
 2. Boas notícias têm pressa de chegar! 72
 3. Revelar os sinais da proximidade de Deus! 73
 4. Falar de sonhos e esperanças! 74
 5. Contar e cantar as maravilhas de Deus! 75

Celebração do Envio 77
Bênção da Casa 85
Bênção dos Enfermos 89
Bênção das Crianças 93
Bibliografia 96

APRESENTAÇÃO

Estamos habituados a contemplar, no segundo mistério gozoso do Rosário, a Visitação de Nossa Senhora a sua prima Santa Isabel. Foi uma visita especial, porque Maria, por meio de seu gesto de caridade, levava em seu seio o Verbo encarnado, que encheu de alegria Isabel, seu esposo Zacarias e até o pequeno João Batista, ainda no ventre da mãe.

Essa visita transformou-se no primeiro ato de evangelização da família do Novo Testamento: levar Jesus para os lares, como a grande Boa Notícia da presença de Deus em nosso meio, que provoca alegria e esperança nos corações daqueles que o acolhem. Eis o ponto de partida para o Ministério da Visitação, uma pastoral evangelizadora, tão necessária quanto eficaz, tanto nos meios urbanos como no ambiente rural.

Padre Antonio Carlos Vanin, missionário redentorista, presenteia-nos com um subsídio pastoral, que será de grande valor na organização do Ministério da Visitação em nossas comunidades. Gerado por meio da sua experiência pessoal de pregador da Palavra de Deus e de formador de lideranças, este livro vem preencher uma necessidade pastoral, muito prática e muito atual. Padre Vanin oferece-nos um pequeno curso, que nos introduz na teologia e na espiritualidade desse ministério, e nos indica o caminho para concretizar a visitação, como ministério, em cada comunidade.

Ele reflete sobre a teologia evangélica dos ministérios na Igreja, analisa o sentido antropológico da visita, para chegar à dimensão bíblico-salvífica da visitação. Em seguida, faz a proposta da organização concreta do Ministério da Visitação na comunidade, cujo paradigma será sempre a visita de Maria Santíssima a Isabel. Finalmente, prepara um modelo de Celebração do Envio, que põe em relevo, diante da comunidade, a importância desse ministério de Evangelização e sua dimensão comunitária.

O Ministério da Visitação continua o gesto de Maria Santíssima em sua visita a Isabel, para levar-lhe Jesus e para ajudá-la caridosamente em seus serviços domésticos. Continua as próprias visitas de Jesus, em tantas cenas dos Evangelhos. Foi o primeiro método de Evangelização, que continua válido e insubstituível, e que deve ser continuado em todas as comunidades eclesiais. Por isso, agradecemos ao Pe. Vanin este subsídio pastoral-missionário, que certamente vai ajudar-nos muito, orientando as lideranças pastorais, desde o pároco até os ministros da Visitação, para que a visita de Maria Santíssima seja atualizada pela visitação de inúmeros leigos e leigas, que levam Jesus às famílias e aos lares.

Pe. José Ulysses da Silva, C.Ss.R.

IGREJA PARA UM NOVO MILÊNIO

"Mas um samaritano, que estava viajando, chegou perto dele, viu, e teve compaixão. Aproximou-se dele e fez curativos, derramando óleo e vinho nas feridas."
(Lc 10,33-34a)

Na entrada do terceiro milênio da era cristã, frente aos desafios da Evangelização no mundo urbano e pós-moderno, a Igreja vem redescobrindo e valorizando cada vez mais **a visitação como forma privilegiada de se evangelizar e realizar o mandato missionário confiado a ela por Jesus. A visitação resgata a prática evangelizadora de Jesus e a experiência missionária das primeiras comunidades cristãs.**

Evangelizar constitui o primeiro e mais fundamental compromisso de fé de todo discípulo e discípula de Jesus, como expressou Paulo, o grande apóstolo e missionário dos primeiros tempos da Igreja: "Anunciar o Evangelho não é título de glória para mim; pelo contrário, é uma necessidade que me foi imposta. Ai de mim se eu não anunciar o Evangelho!" (1Cor 9,16).

Anunciar o Evangelho é a missão da Igreja, constitui como que a sua essência e identidade. O Concílio Vaticano II afirmou muito claramente: "Toda a Igreja é missionária e a obra da evangelização é um dever fundamental do Povo de Deus" (Concílio Vaticano II, decreto *Ad Gentes*, n. 35).

Na encíclica *Evangelii Nuntiand*, Paulo VI escreveu magistralmente: "A tarefa de evangelizar todos os homens constitui a missão essencial da Igreja, constitui a graça e a vocação própria da Igreja, a sua mais profunda identidade. A Igreja existe para evangelizar!" (Paulo VI, Encíclica *Evangelii Nuntiandi*, n. 14).

Dom Pedro Casaldáliga assim se expressou: "Desejaria que cada um de nós pudesse visitar, pelo menos em espírito, a própria pia batismal, mergulhar nela a cabeça e redescobrir a missionariedade do próprio Batismo! Sou batizado? Então devo ser missionário! Se não sou missionário, então... não sou cristão!"

Em 2000 celebramos os 500 anos de evangelização do nosso continente latino-americano e caribenho. Contudo, o anúncio do Evangelho nem sempre transformou os sistemas políticos, econômicos e sociais, e sequer penetrou profundamente nas estruturas que fundam as leis e organizam a maneira de pensar, os valores e a cultura dos nossos povos.

Por isso, há mais de duas décadas, o papa João Paulo II, de saudosa memória, convocou a Igreja para uma **"nova evangelização: nova nos métodos, nova na expressão e nova no ardor. Uma evangelização**

que supere a ruptura entre o Evangelho e a Vida!" (Discurso de João Paulo II aos bispos do CELAM – Conferência Episcopal Latino Americana – Haiti, 9 de março de 1983).

Respondendo aos apelos de João Paulo II, a Igreja no Brasil lançou vários Projetos Nacionais de Evangelização, que vêm provocando nas dioceses, paróquias e comunidades uma rica experiência de trabalho evangelizador e despertando a sensibilidade missionária do nosso povo fiel. Os Projetos "Rumo ao Novo Milênio" (1999-2000), "Ser Igreja no Novo Milênio" (2001-2003) e "Queremos ver Jesus – Caminho, Verdade e Vida" (2004-2007), são verdadeiros mutirões evangelizadores que vêm resgatando o dinamismo e a força missionária da nossa Igreja.

As Diretrizes Gerais da Ação Evangelizadora da Igreja no Brasil para o quadriênio 2003-2006 já ressaltaram a importância do contato pessoal e das visitas familiares como uma forma privilegiada de se evangelizar e resgatar a dimensão missionária da Igreja:

> **"Importante é ressaltar que as pessoas não buscam em primeiro lugar as doutrinas, mas o encontro pessoal, o relacionamento solidário e fraterno, a acolhida. O "encontro" é o primeiro dom ou carisma que o Espírito concede às pessoas e é ele, o Espírito Santo, o protagonista da missão, aquele que chega primeiro. O cristão, portanto, deve dar grande valor ao encon-**

tro com as pessoas, atento a discernir os sinais do que o Espírito está pedindo dele e da pessoa que encontra. O cristão, que tomou consciência de sua missão de evangelizador, deverá não apenas acolher bem quem se aproxima, mas ir ao encontro dos outros e retomar a prática evangélica das visitas às casas. A "visitação" tem um profundo sentido teológico: a pessoa enviada por Deus representa o próprio Deus que visita seu povo" (Diretrizes Gerais da Ação Evangelizadora da Igreja no Brasil, n. 99 – cf. *Documentos da CNBB* 71 – Ed. Paulinas).

Essa dimensão do encontro e do contato pessoal na dinâmica da evangelização continua sendo enfatizada pelo papa Francisco. Em seu primeiro ano de pontificado, na Exortação Apostólica "A alegria do Evangelho" (*"Evangelii gaudium"*), Francisco apresenta um modelo missionário para os nossos tempos:

> **"Hoje, quando a Igreja deseja viver uma profunda renovação missionária, há uma forma de pregação que nos compete a todos como tarefa diária: é cada um levar o Evangelho às pessoas com quem se encontra, tanto aos mais íntimos como aos desconhecidos. É a pregação informal que se pode realizar durante uma conversa, e é também a que realiza um missionário**

quando visita um lar. Ser discípulo significa ter a disposição permanente de levar aos outros o amor de Jesus; e isto sucede espontaneamente em qualquer lugar: na rua, na praça, no trabalho, num caminho" (Evan*gelii Gaudium*, n. 127).

E o papa Francisco até mesmo descreve a dinâmica desse encontro pessoal:

> "Nesta pregação, sempre respeitosa e amável, o primeiro momento é um diálogo pessoal, no qual a outra pessoa se exprime e partilha as suas alegrias, as suas esperanças, as preocupações com os seus entes queridos e muitas coisas que enchem o coração. Só depois desta conversa é que se pode apresentar-lhe a Palavra, seja pela leitura de algum versículo ou de modo narrativo, mas sempre recordando o anúncio fundamental: o amor pessoal de Deus que Se fez homem, entregou-Se a Si mesmo por nós e, vivo, oferece a sua salvação e a sua amizade. É o anúncio que se partilha com uma atitude humilde e testemunhal de quem sempre sabe aprender, com a consciência de que esta mensagem é tão rica e profunda que sempre nos ultrapassa. Umas vezes exprime-se de maneira mais direta, outras através dum testemunho pessoal, uma história, um gesto, ou outra for-

ma que o próprio Espírito Santo possa suscitar numa circunstância concreta. Se parecer prudente e houver condições, é bom que este encontro fraterno e missionário conclua com uma breve oração que se relacione com as preocupações que a pessoa manifestou. Assim ela sentirá mais claramente que foi ouvida e interpretada, que a sua situação foi posta nas mãos de Deus, e reconhecerá que a Palavra de Deus fala realmente à sua própria vida" (*Evangelii Gaudium*, n. 128).

A força transformadora do encontro pessoal é sobejamente confirmada em nossas Missões Redentoristas! Um dos momentos mais significativos e marcantes das Missões são as visitas às casas. Os resultados são surpreendentes! Os visitadores relatam as manifestações de alegria daqueles que recebem a visita de "alguém da Igreja" e as transformações que a Visitação provoca na vida das famílias. Quantas vidas, murchas e tristes, readquirem sabor e alegria. Quantas histórias tomam novo rumo e uma nova direção. Quantos corações, machucados e feridos, recobram ânimo e esperança.

Em um dos meus trabalhos missionários no Amazonas, ouvi um relato que me tocou profundamente. Após chamarem diversas vezes pelos moradores da casa, os visitadores iam desistir e seguir adiante. Mas algo os prendeu àquela porta. Ao fazerem a última tentativa, a porta se abriu lentamente. Surgiu uma senhora idosa que, derramando-se em lágrimas, contou-lhes sua história triste e sofrida. Viúva, abandonada pelo último filho que se fora, ela decidira dar fim à sua vida. E dizendo isso, mostrava a eles a corda, com o laço preparado para a forca. Sua vida foi salva no exato momento em que os visitadores bateram à sua porta. Acolhida na sua dor e amparada em suas aflições pela comunidade, recuperou o sentido e a alegria de viver. Hoje, é assídua presença na comunidade e no grupo da terceira idade da Paróquia Santo Antonio, no bairro da Compensa, na cidade de Manaus.

É por tudo isso que muitas dioceses, paróquias e comunidades vêm implantando a Pastoral e o Ministério da Visitação, em uma tentativa de resgatar o ardor e a audácia missionária de nossa Igreja. Como se trata de algo novo como ação pastoral permanente e organizada, há necessidade de dados, informações e subsídios para sua implantação e exercício. Nosso objetivo é apresentar uma proposta de formação para o exercício qualificado desse ministério, abrangendo cinco partes:

1. Os ministérios na Igreja
2. Significado sócioantropológico da visita
3. Dimensão salvífica da visitação na Bíblia
4. Organização do Ministério da Visitação
5. A visita de Maria a Isabel

Esta última parte, inspirada no relato do Evangelho de Lucas (1,39-45), servirá de referencial para a mística que deve animar a vida e o trabalho dos Ministros da Visitação.

Os Ministérios na Igreja

1. Origem e significado eclesial dos ministérios

A palavra "ministério" vem do latim e significa "serviço". É a tradução da palavra grega "diakonia", que aparece muitas vezes nos escritos do Novo Testamento. Na Igreja, os ministérios têm origem em Jesus, que se apresenta como o grande servidor: "O Filho do Homem não veio para ser servido, mas para servir e dar a sua vida em resgate de muitos" (Mt 20,28; Mc 10,45).

As comunidades cristãs primitivas procuraram compreender a pessoa e a missão de Jesus não somente a partir da experiência daqueles que conviveram com Ele, mas também a partir dos escritos do Antigo Testamento. É por isso que os textos do Novo Testamento citam constantemente o Antigo: para mostrar sua plena realização na pessoa e na missão de Jesus.

Assim faz o apóstolo Pedro, no seu primeiro discurso ao povo, quando cita o profeta Joel para explicar a efusão do Espírito Santo no dia de Pentecostes: "Homens da Judeia e todos vocês que se encontram em Jerusalém! Compreendam o que está acontecendo e prestem atenção nas minhas palavras: estes homens não estão embriagados como vocês pensam, pois são apenas nove horas da manhã. Pelo contrário, está acontecendo aquilo que o profeta Joel anunciou: 'Nos últimos dias, diz o Senhor, derramarei o meu Espírito sobre todas as pessoas'" (At 2,14-17).

E, no mesmo discurso, para anunciar a ressurreição de Jesus, Pedro afirma que a profecia do rei Davi: "Não me abandonarás na região dos mortos, nem permitirás que o teu santo conheça a corrupção" se referia não a Davi, mas a Jesus: "Irmãos, quanto ao patriarca Davi, permitam que eu lhes diga com franqueza: ele morreu, foi sepultado e seu túmulo está entre nós até hoje. Mas ele era profeta, e sabia que Deus lhe havia jurado solenemente fazer com que um descendente seu lhe sucedesse no trono. Por isso, previu a ressurreição de Cristo e falou: "ele não foi abandonado na região dos mortos e sua carne não conheceu a corrupção" (At 2,29-31).

Essa mesma lógica no anúncio de Jesus e do Evangelho aparece na catequese de Paulo. Seu discurso, na sinagoga de Antioquia, retoma a história do Povo de Israel para mostrar que ela adquire pleno sentido na pessoa de Jesus de Nazaré: "Nós anunciamos a vocês este Evangelho: a promessa que Deus fez aos antepassados, ele a cumpriu plenamente para nós, seus filhos, quando ressuscitou Jesus, como está escrito no segundo Salmo: 'Você é o meu filho, eu hoje o gerei!'" (At 13,32-33). Vale a pena ler todo o discurso de Paulo em Atos 13,16-41.

Os companheiros do Apóstolo seguem a mesma linha de reflexão na pregação do Evangelho: "Graças à iniciativa divina, a presença de Apolo foi muito útil aos fiéis. De fato, ele rebatia vigorosamente aos judeus em público, demonstrando pelas Escrituras que Jesus é o Messias" (At 18,27b-28). As Escrituras aqui se referem ao Antigo Testamento, pois, ainda não existiam os escritos do Novo Testamento.

Assim, por meio da releitura dos Profetas e outros escritos do Antigo Testamento, três serviços/ministérios, exercidos em favor do Povo de Deus, ajudaram os apóstolos e os primeiros discípulos a entenderem melhor a pessoa e a missão de Jesus:

- **O serviço do anúncio da Palavra de Deus, exercido pelos profetas.**
- **O serviço da santificação do povo, exercido pelos sacerdotes.**
- **O serviço da administração da justiça e do bem comum, exercido pelos reis.**

Esses três serviços vão ser atribuídos a Jesus: ele é o sacerdote, o profeta e o rei (pastor) do novo Povo de Deus. Tomados em conjunto, esses serviços são como que a raiz de todos os demais serviços e ministérios exercidos na Igreja. Têm a sua fonte em Jesus e são exercidos em comunhão com Ele. Na pessoa do ministro é Cristo quem age e continua a exercer esses três serviços/ministérios em favor da salvação de todos.

Ao escolher os doze apóstolos, Jesus lhes confiou a sua missão, o seu ministério: "Como o Pai me enviou, eu envio vocês" (Jo 20,21). E a missão confiada aos doze é partilhada também com outros: "O Senhor escolheu outros setenta e dois discípulos e os enviou..." (Lc 10,1). O fato de terem sido escolhidos setenta e dois (número múltiplo de doze) significa, na simbologia bíblica, que a missão confiada aos doze apóstolos, Jesus a confia também a todos os seus discípulos e discípulas.

2. Os ministérios nas primeiras comunidades cristãs

A partir das necessidades das comunidades que cresciam e se multiplicavam, os apóstolos foram instituindo novos ministérios. Essa prática dos apóstolos é relatada na **instituição dos sete diáconos, para que se dedicassem ao serviço da caridade e do atendimento aos pobres:** "Naqueles dias, o número dos discípulos tinha aumentado, e os fiéis de origem grega começaram a queixar-se contra os fiéis de origem hebraica. Os de origem grega diziam que suas viúvas eram deixadas de lado no atendimento diário. Então os Doze convocaram uma assembleia geral dos discípulos e disseram: 'Não está certo que nós deixemos a pregação da palavra de Deus para servir às mesas. Irmãos, é melhor que escolham entre vocês sete homens de boa fama, repletos do Espírito e de sabedoria, e nós os encarregaremos dessa tarefa. Desse modo, nós poderemos dedicar-nos inteiramente à oração e ao serviço da Palavra'. A proposta agradou a toda a assembleia. Então escolheram Estêvão, homem cheio de fé e do Espírito Santo; e também Filipe, Próscoro, Nicanor, Timon, Pármenas e Nicolau de Antioquia, um pagão que seguia a religião dos judeus. Todos estes foram apresentados aos apóstolos, que oraram e impuseram as mãos sobre eles" (At 6,1-6).

Lucas relata também a **instituição dos anciãos ou presbíteros, para que presidissem às comunidades fundadas pelos apóstolos:** "Os apóstolos designaram anciãos para cada comunidade; rezavam, jejuavam e os confiavam ao Senhor, no qual haviam acreditado" (At 14,23).

Assim, **novos ministérios foram surgindo já nos primeiros tempos da Igreja**. Algumas cartas de São Paulo relacionam essa rica diversidade:

• **Apóstolos:** instituídos pelo próprio Jesus, pregadores do Evangelho e que deram início às primeiras comunidades cristãs.

- **Evangelistas:** discípulos e companheiros dos apóstolos na pregação do Evangelho.
- **Diáconos:** instituídos pelos apóstolos para o serviço da caridade e atendimento aos mais pobres.
- **Presbíteros (anciãos) e bispos (pastores):** aqueles a quem os apóstolos confiavam a guarda das comunidades que iam sendo fundadas.
- **Profetas:** que se reconheciam pelo dom da palavra e que falavam sob a inspiração de Deus.
- **Mestres ou doutores:** aqueles que se dedicavam ao ensino da doutrina.

Vale a pena conferir alguns textos do Novo Testamento que referem essa diversidade ministerial das comunidades cristãs nos primeiros tempos da Igreja:

"Havia profetas e mestres na Igreja de Antioquia. Eram eles: Barnabé, Simeão, chamado o Negro, Lúcio, da cidade de Cirene, Manaém, companheiro de infância do governador Herodes, e Saulo" (At 13,1-3).

"Foi Deus quem estabeleceu alguns como apóstolos, outros como profetas, outros como evangelistas, e outros como pastores e mestres. Assim ele preparou os cristãos para o trabalho do ministério que constrói o Corpo de Cristo!" (Ef 4,11-12).

"Vocês são o corpo de Cristo e são membros dele, cada um no seu lugar. Aqueles que Deus estabeleceu na Igreja são, em primeiro lugar, apóstolos; em segundo lugar, profetas; em terceiro lugar, mestres. A seguir vêm os dons dos milagres, das curas, da assistência, da direção e o dom de falar em línguas" (1Cor 12,27-28).

"Existem dons diferentes, mas o Espírito é o mesmo; diferentes serviços, mas o Senhor é o mesmo; diferentes modos de agir, mas é o mesmo Deus que realiza tudo em todos. Cada um recebe o dom de manifestar o Espírito para a utilidade de todos" (1Cor 12,4-7).

3. A prática da Igreja Primitiva ilumina a nossa compreensão hoje

Sabemos que houve uma grande evolução dos ministérios ao longo da história da Igreja. Contudo, a partir da prática das primeiras comunidades cristãs podemos tirar alguns elementos que iluminam a nossa compreensão:

- Os ministérios surgem a partir de novas necessidades.
- A comunidade indica ou escolhe aqueles que podem responder a essas necessidades.
- Os escolhidos são confirmados pelos apóstolos.
- Por meio da oração e da imposição das mãos.

Dessa prática podemos tirar alguns elementos essenciais e afirmar que **ministério é um serviço instituído para responder a uma necessidade da comunidade; aqueles que são indicados pela comunidade**

são confirmados pelos apóstolos por meio da oração e de um gesto oficial de envio, a imposição das mãos. Por conseguinte, o serviço é exercido em nome e em comunhão com os apóstolos.

Explicitando melhor os elementos constitutivos:

- Um serviço determinado.
- Instituído para responder a uma necessidade interna da comunidade ou da sua missão.
- Confiado a pessoas escolhidas pela comunidade, após a oração e o discernimento.
- Confirmadas em seu carisma pela autoridade da Igreja.
- Por meio da imposição das mãos ou gesto ritual próprio.
- Exercido em comunhão com a Igreja.
- Com estabilidade e responsabilidade.

O reconhecimento do carisma ministerial pela comunidade eclesial é essencial, porque o ministério é uma atuação pública e oficial da Igreja. O ministro se torna, em um grau maior ou menor, "representante" da Igreja. Esse reconhecimento dos ministérios tem modalidades e graus diversos. Isso vai depender da natureza da função, isto é, da sua relação com a identidade e a missão da Igreja. Por exemplo: a fala ou atuação de um ministro leigo ou de um padre ou de um bispo terão peso e repercussão diferentes perante a sociedade porque representam graus diferentes de identidade com a Igreja e sua missão.

4. Relação entre "ministério" e "carisma"

Ministério e carisma são dois elementos inter-relacionados que manifestam duas faces da mesma realidade. De um lado, se manifesta a ação do Espírito Santo que confia a determinada pessoa um dom ou carisma que a capacita para determinado serviço. De outro, se manifesta o empenho da comunidade na busca das melhores opções e serviços para ser fiel à missão que lhe foi confiada. Assim podemos concluir que:

• **Ministério é o carisma (a ação do Espírito) instituído como serviço (o empenho da Comunidade para se edificar e exercer, de maneira adequada, a sua missão em favor do Mundo):** "Foi Deus quem estabeleceu alguns como apóstolos, outros como profetas, outros como evangelistas, e outros como pastores e mestres. Assim, Ele preparou os cristãos para o trabalho do ministério que constrói o corpo de Cristo. A meta é que todos juntos nos encontremos unidos na mesma fé e no conhecimento do Filho de Deus, para chegarmos a ser o homem perfeito que, na maturidade do seu desenvolvimento, é a plenitude de Cristo" (Ef 4,11-13).

• **No exercício do ministério, agem Deus e a pessoa do ministro.** Deus, porque é Ele quem dá os carismas e capacita as pessoas com os seus dons. O ministro, porque o seu carisma é reconhecido e instituído para que ele o coloque a serviço da Igreja e da sua missão. São Paulo expressa isso quando diz: "Existem dons diferentes, mas o Espírito é o mesmo; diferentes serviços, mas o Senhor é o mesmo; diferentes modos de agir, mas é o mesmo Deus que realiza tudo em todo. Cada um recebe o dom de manifestar o Espírito para a utilidade de todos" (1Cor 12,4-7).

• **Ministério é, portanto, um carisma, ou seja, um dom do Espírito que torna seu portador apto a desempenhar determinadas atividades em ordem à salvação. Essa aptidão é reconhecida pela Igreja e instituída como serviço em favor da comunidade.** Quando Deus chama alguém para exercer determinado ministério, certamente Ele o capacita para tanto. Ministério, portanto, é sempre um carisma. Mas nem todo carisma é ministério, porque nem sempre é instituído pela Igreja como um serviço à comunidade.

• Por fim, vale lembrar São Paulo quando afirma que todo carisma é dom de Deus para o bem da própria pessoa ou da comunidade. Contudo, os carismas que edificam a comunidade são mais valiosos e importantes. E são esses dons que devemos aspirar em primeiro lugar: "Aspirem aos dons do Espírito, principalmente à profecia. Pois, aquele que fala em línguas não fala aos homens, mas a Deus. Ninguém o entende, pois ele, em espírito, diz coisas incompreensíveis. Mas aquele que profetiza fala aos homens: edifica, exorta, consola. Aquele que fala em línguas edifica a si mesmo, ao passo que aquele que profetiza edifica a assembleia. Eu desejo que vocês todos falem em línguas, mas prefiro que profetizem. Aquele que profetiza é maior do que aquele que fala em línguas, a menos que este mesmo as interprete, para que a assembleia seja edificada!" (1Cor 14,1b-5).

5. Grupos de ministérios

Nos últimos anos, a reflexão teológica e pastoral sobre os ministérios tem sido muito rica, resgatando a riqueza e a diversidade ministerial da Igreja desde as suas origens até hoje. Os fiéis leigos vêm assumindo, com muita eficiência e capacidade, os serviços e ministérios na comunidade cristã. Nos próximos anos, veremos ainda muitas mudanças e transformações na compreensão e na estrutura ministerial da Igreja. O caminho está apenas começando. Atualmente, se distinguem quatro grupos de ministérios:

• **Ministérios "reconhecidos":** serviços significativos e até mesmo necessários, exercidos com a aprovação da comunidade, mas nem sempre com um caráter tão permanente ou mandato oficial. Aqui se situa a grande maioria dos ministérios exercidos hoje em nossas comunidades: catequistas, equipes de liturgia, animadores de canto, leitores, equipe de acolhimento, grupos de preparação para os sacramentos e tantos outros serviços pastorais.

- **Ministérios "confiados":** quando conferidos por algum gesto litúrgico simples ou por alguma forma canônica: Ministério Extraordinário da Comunhão Eucarística, do Batismo, da Palavra, do Matrimônio, das Exéquias.
- **Ministérios "instituídos":** quando a função é conferida pela Igreja por meio de um rito litúrgico oficial chamado "instituição". Atualmente, são apenas dois: o Leitorato (leitor) e o Acolitato (acólito), conferidos aos seminaristas que se preparam para a Ordenação sacerdotal;
- **Ministérios "ordenados":** quando conferidos por meio do sacramento da Ordem. São três graus de Ordenação: o Diaconato, conferido àqueles que são ordenados diáconos; o Presbiterato, conferido àqueles que são ordenados padres; e o Episcopado, conferido àqueles que são ordenados bispos.

Os ministérios ordenados, em uma Igreja toda ministerial, não devem ser entendidos como a "síntese dos ministérios", mas como os "ministérios da síntese". Seu carisma específico é o da presidência da comunidade, isto é, da animação, coordenação e discernimento final dos carismas e ministérios. Os ministros ordenados, bispos, padres e diáconos, constituem a "hierarquia" da Igreja. Essa palavra, de origem grega, significa "governo sagrado". No exercício do seu ministério, diáconos, padres e bispos se identificam a Cristo como "cabeça" da Igreja.

Os ministérios "reconhecidos", "confiados" e "instituídos" formam os ministérios não ordenados, isto é, não são conferidos por meio da Ordenação, do sacramento da Ordem.

6. Por uma Igreja mais ministerial

Atualmente, **a Igreja tem valorizado e incentivado o surgimento de formas menos institucionais de ministérios, como são os "reconhecidos" e "confiados".** Algumas dioceses têm desenvolvido um esperançoso trabalho nesse sentido: a partir das necessidades das comunidades e dos carismas dos seus membros, vêm "instituindo" novos ministérios, que são conferidos a pessoas escolhidas pela comunidade e confirmadas pela autoridade da Igreja, por meio de um rito litúrgico próprio, presidido pelo bispo.

Essa "instituição", não canônica, é feita sob a responsabilidade da Igreja Particular, e o ministério é exercido em comunhão e em nome do bispo diocesano e somente dentro daquela diocese. Essas formas de "instituição" não canônica de novos ministérios confiados aos leigos têm um significado muito grande para o fortalecimento da dimensão eclesial dos ministérios leigos dentro de uma Igreja toda ministerial, pelas seguintes razões:

• O envolvimento da comunidade na indicação de seus ministros recupera a prática e o dinamismo da Igreja Primitiva: a comunidade participava nas responsabilidades do ministério apostólico.
• A superação de uma mentalidade centralizadora dos ministérios nas mãos das pessoas ordenadas (diáconos, padres e bispos).
• A compreensão de uma Igreja mais ministerial: todos participam da missão da Igreja.
• A melhor distribuição de tarefas, permitindo aos ministros ordenados mais tempo e liberdade para o exercício específico do seu ministério.
• A "instituição" de ministros leigos, feita pelo bispo, torna mais visível a unidade de atuação de todos os ministérios naquela diocese ou Igreja Particular. E favorece, ao mesmo tempo, uma salutar diversidade e descentralização dos serviços para responder às necessidades próprias de cada comunidade.

7. Batismo: fundamento e raiz de todo serviço ministerial

O Batismo é o sacramento fundante, a raiz de todos os serviços e ministérios na Igreja. Pelo Espírito, derramado em nós nas águas batismais, somos configurados a Cristo sacerdote, profeta e rei. Como agiu em Jesus, o Espírito continua agindo em nós para continuarmos exercendo os mesmos serviços de Cristo em favor da edificação da Igreja e do Mundo. Como Jesus, somos todos profetas, sacerdotes e pastores, exercendo o tríplice ministério:

• Profético: anunciar e testemunhar a palavra de Deus.
• Sacerdotal: santificar e transfigurar todas as realidades em Cristo.
• Real (ou pastoral): fermentar as estruturas da Igreja e da Sociedade para que sejam sempre mais sinal e realização do Reino de Deus, no aqui e agora da História.

8. Cristãos leigos: fermento na massa

Convém, enfim, recordar uma das grandes iluminações que o Concílio Vaticano II nos deixou. **O ministério "próprio", embora não exclusivo, do cristão leigo é exercido no Mundo, na Sociedade:**

"Compete aos leigos, por sua vocação própria, buscar o Reino de Deus exercendo funções temporais e ordenando-as segundo Deus. Vivem no século, isto é, em todos e em cada um dos ofícios e trabalhos do Mundo. Vivem nas condições ordinárias da vida familiar e social, pelas quais sua existência

é como que tecida. Lá são chamados por Deus para que, exercendo seu ofício próprio, guiados pelo espírito evangélico, a modo de fermento, de dentro, contribuam para a santificação do Mundo. E assim manifestam Cristo aos outros, especialmente pelo testemunho de sua vida resplandecente em fé, esperança e caridade. A eles, portanto, cabe de maneira especial iluminar e ordenar de tal modo as coisas temporais, às quais estão intimamente unidos, que elas continuamente se façam e cresçam segundo Cristo, para louvor do Criador e Redentor" (Vaticano II – Constituição dogmática *Lumen Gentium*, n. 31).

Portanto, a missão própria e específica do cristão leigo é exercida no campo das profissões, da política e da economia, das artes e das ciências, nos sindicatos, corporações e associações de classe, nos meios de comunicação social, enfim, em tudo aquilo que constitui como que o tecido da sociedade humana. É nessa realidade que os cristãos leigos devem exercer os múltiplos serviços da sua fé. **Embora não instituídos, esses serviços são verdadeiros "ministérios", pelos quais a Igreja se faz presente no Mundo a modo de fermento, sal e luz** (Mt 5,13-16).

SIGNIFICADO SOCIOANTROPOLÓGICO DA VISITA

1. Um gesto ancestral e rico de significados simbólicos

• O ato de visitar é tão antigo quanto a pessoa humana e tem um significado antropológico profundo. A pessoa humana se define e adquire identidade ao estabelecer relações de alteridade com os "outros" que a cercam. Somos um "nó" de relações com a natureza, com as demais pessoas e com o "grande outro", que é Deus. Nós nos tornamos "pessoa" na medida em que construímos a nossa identidade na relação conosco mesmos e com todos os "outros" que nos cercam.

• Em um sentido amplo, figurado e poético, nós "visitamos e somos visitados" por todas as coisas ao estabelecermos com elas qualquer tipo de relação ou contato. Podemos mesmo dizer que habitamos e somos habitados por todas as coisas criadas, inclusive por Deus, o Criador de tudo. A pessoa humana é uma síntese do Universo. Somos morada e templo de Deus! "Vocês não sabem que o seu corpo é templo do Espírito Santo, que está em vocês e lhes foi dado por Deus? Vocês já não pertencem a si mesmos" (1Cor 6,19; Rm 8,9).

• Visitar é entrar em comunhão com todas as coisas. É se fazer próximo e amigo, ser solidário e fraterno, em uma dimensão holística, que Francisco de Assis cantou magistralmente no "Cântico das Criaturas!" A visita tem o poder de restaurar a vida, refazer os laços quebrados, aproximar os inimigos, estabelecer o diálogo, reconstruir a paz.

2. Internautas da solidão

O Mundo da pós-modernidade vem passando por grandes e aceleradas transformações que alteram profundamente a vida das pessoas. Nosso planeta virou uma "aldeia global". Para os sistemas de comunicação, cada vez mais sofisticados e interplanetários, já não há mais distância. **Longe é um lugar que não existe!**

- Pela **televisão**, sentados comodamente no sofá de nossas casas, podemos acompanhar e assistir a jogos olímpicos, guerras e bombardeios do outro lado do mundo, em tempo real, no exato momento em que acontecem.
- A **internet** criou uma rede mundial de comunicação, cada vez mais popularizada e acessível. Por meio dela, qualquer pessoa, em qualquer lugar do mundo, pode entrar em contato com outras pessoas, e "navegar" por meio de um imenso oceano de dados e informações quase infinitos.
- Os **sistemas de telefonia celular** estão cada vez mais acessíveis a toda a população. O Brasil superou a marca de um smartphone por habitante e hoje conta com mais de 220 milhões de celulares ativos. Sua tecnologia parece não ter limites: de um continente para outro se pode falar captando a imagem do interlocutor na telinha do aparelho.
- As **redes sociais** ultrapassam os limites intercontinentais e incluem não mais milhões, mas bilhões de pessoas: já não há fronteiras de língua, raça, cultura e religião. Todos estão interligados nas grandes redes do Facebook, WhatsApp, YouTube, Instagram, Twitter, Linkedin e tantas outras.

Contudo, nunca como hoje, as pessoas experimentam tanta solidão e isolamento. Aparelhos e técnicas de comunicação se multiplicam aos milhares. **Diminui, contudo, a magia do olhar, o timbre**

da voz, o calor do toque e da intimidade que só o encontro pessoal é capaz de proporcionar.

Em um encontro de formação para o trabalho missionário das visitas, escutei o seguinte relato de uma das pessoas presentes: ao visitar uma amiga, enferma e acamada há vários anos, esta insistiu por diversas vezes: "Volte amanhã! Foi tão bom conversar um pouco! Sinto-me tão só!" E ela observou que a amiga enferma tinha marido e filhos, vivia em uma casa grande e confortável, com muitos cômodos. "Contudo, concluiu ela com muita perspicácia, em cada quarto havia uma televisão e computador ligado à internet!"

Cercada de marido e filhos, a mulher vivia em uma ilha de isolamento e solidão, pois, cada um se fechava no seu quarto, com sua televisão e com o seu computador. Vale a pena lembrar o que afirmam nossos bispos:

"Importante é ressaltar que as pessoas não buscam em primeiro lugar as doutrinas, mas o encontro pessoal, o relacionamento solidário e fraterno, a acolhida. O "encontro" é o primeiro dom ou carisma que o Espírito concede às pessoas e é ele, o Espírito Santo, o protagonista da missão, aquele que chega primeiro. O cristão, portanto, deve dar grande valor ao encontro com as pessoas, atento a discernir os sinais do que o Espírito está pedindo dele e da pessoa que encontra" (Diretrizes Gerais da Ação Evangelizadora da Igreja no Brasil, n. 99, cf. *Documentos da CNBB 71* – Ed. Paulinas).

3. O brilho das megalópoles

Outra mudança que vem alterando profundamente a vida das pessoas é o **constante fluxo migratório do campo para a cidade e o crescimento cada vez mais acelerado e desordenado das grandes metrópoles**. Até o final do século passado, a população mundial era basicamente agrária e rural. Com a revolução industrial, esse quadro começou a se alterar rapidamente. Para ilustrar esse fato, basta dizer que, no Brasil, até 1950, 75% da população morava no campo. Cinquenta anos depois, esse quadro se inverteu. Hoje, 75% da população brasileira reside nas cidades e apenas 25% na área rural. Já existem hoje grandes aglomerados urbanos, verdadeiras megalópoles. A cidade de Tóquio tem 29 milhões de habitantes. A cidade do México já passa dos 18 milhões. No Brasil temos a Grande São Paulo, que inclui 39 municípios com 17,8 milhões de pessoas, concentradas em uma só grande cidade.

• **O anonimato e a massificação** são resultado direto desse processo de urbanização. A pessoa perde seu rosto e sua identidade. Ela se transforma em número de carteira de identidade, número de contribuinte.

• Essa **perda da identidade atinge os valores religiosos e culturais** da pessoa. A mudança para a cidade provoca um **verdadeiro "desenraizamento" religioso e cultural.**

• **O convívio, a fraternidade e a comunhão cedem lugar a um individualismo exacerbado,** como alertam nossos bispos: "O mundo das grandes cidades e da mentalidade ou cultura que nelas é gerada e alimentada, é local da individualidade. Já faz alguns séculos que o mundo vem sendo atingido por processos sociais e culturais que acentuam mais a dimensão individual da existência. Quando isso acontece, constatam-se atitudes de agudo individualismo para o qual a satisfação de si torna-se critério determinante. Em consequência, as outras pessoas só têm valor e contam, enquanto são úteis e capazes de produzir e oferecer algo" (Diretrizes Gerais da Ação Evangelizadora da Igreja no Brasil 2019-2023 – *Documentos da CNBB 109* – Edições CNBB 2019).

• Com a perda dos referenciais básicos da ética, da religião e da cultura, **o indivíduo acaba criando seus próprios valores e referenciais**. O anonimato, a dureza e a frieza da grande cidade são o espaço fértil para o surgimento da violência e do crime organizado. O medo se torna o quotidiano das pessoas, provocando o isolamento e dificultando a convivência.

• A sobrevivência na cidade grande é difícil, especialmente para as massas desqualificadas profissionalmente. Com a economia em recessão e as altas taxas de desemprego, a maioria dos que chegam aos grandes centros urbanos acabam se sujeitando a serviços mal remunerados, sem registro na carteira de trabalho, sem nenhum benefício social ou de saúde. Além das horas extras, os trabalhadores têm de se sujeitar a longas horas de condução, em meios de transporte nem sempre seguros e confortáveis. A mulher acaba se obrigando a trabalhar fora de casa para ajudar na sobrevivência e manutenção da casa e dos filhos.

• Essa situação vem desestruturando a família, gerando "stress", desgaste físico e emocional. A convivência familiar fica reduzida a quase nada, os filhos se tornam presa fácil das ruas, das drogas e do crime. Os idosos, porque já não produzem, são desvalorizados e descartados. Acabam amargando dura solidão e abandono, até mesmo dentro da própria família.

4. Como ovelhas sem pastor (Mt 9,36)

Frente a essa situação, podemos entender que a ligação e o sentido de pertença à Igreja acabam reduzidos a quase nada. "A organização da Igreja católica está muito dependente do padre e da paróquia", reconhecem nossos bispos, e "as estruturas pastorais e o atendimento já não conseguem alcançar as populações nas periferias metropolitanas e nas fronteiras agrícolas" (Diretrizes Gerais da Ação Evangelizadora da Igreja no Brasil, n. 61 – cf. *Documentos da CNBB 71* – Ed. Paulinas).

Além disso, "muitas Igrejas evangélicas se mostram dinâmicas na procura de novos fiéis, chegando, às vezes, até ao proselitismo" (Diretrizes Gerais da Ação Evangelizadora da Igreja no Brasil n. 61 – *cf. Documentos da CNBB 71* – Ed. Paulinas).

Diante da realidade dura e difícil e frente à luta pela sobrevivência, multiplicam-se os grupos religiosos que vendem a ilusão da solução mágica para todos os problemas. Religião virou mercadoria de consumo para satisfazer a todos os paladares. Os fiéis católicos, com pouca formação religiosa, acabam se tornando presa fácil do proselitismo das seitas.

De tudo o que foi dito, percebe-se claramente a necessidade e a urgência de uma **pastoral feita do encontro pessoal, da proximidade, do toque e do olhar, que criam a magia e a profundidade das relações humanas, e resgatam a esperança e a vida.** É aqui que se insere a atualidade e o valor da Pastoral e do Ministério da Visitação e a urgência da sua implantação em nossas Paróquias e Comunidades.

A parábola do "bom samaritano" (Lc 10,25-37), que se fez próximo para resgatar a vida do desconhecido e anônimo, que fora assaltado e abandonado quase morto na estrada, ilustra bem o que deve ser o serviço dos Ministros da Visitação. Quando bem organizado e estruturado, o Ministério da Visitação pode tornar-se uma forma privilegiada de evangelização da realidade desafiadora de nosso mundo, hoje: resgatar o valor maior da Criação, a vida e a pessoa humana, para a glória de Deus.

DIMENSÃO SALVÍFICA DA VISITAÇÃO NA BÍBLIA

3

1. Deus visita seu povo

No **Antigo Testamento**, muitas intervenções e manifestações de Deus na vida das pessoas e na história do povo são narradas tendo como referencial simbólico a visitação, com toda a riqueza de significados que o gesto de visitar, desde tempos ancestrais, evoca para a Humanidade. Deus visita seu povo para estabelecer intimidade e comunhão, para salvá-lo, resgatar a vida, devolver a esperança.

• O autor do relato da Criação afirma que, desde o princípio, Deus quis estabelecer com o Homem e a Mulher relações de proximidade e intimidade: isso é relatado tendo como pano de fundo as visitas que, todas as tardes, Deus fazia a Adão e

Eva, passeando com eles pelo Jardim: "Em seguida, eles ouviram Javé Deus passeando no jardim à brisa do dia. Então o homem e a mulher se esconderam da presença de Javé Deus, entre as árvores do jardim" (Gn 3,8).

• A concepção e o nascimento de Isaque, impossíveis aos olhos humanos, acontece dentro do contexto de uma visita de Deus a Abraão e a Sara. Ambos já estão envelhecidos e Sara, além da idade avançada, é estéril. Mas a visita de Deus realizou o impossível: "Javé visitou Sara, como havia anunciado, e cumpriu sua promessa. No tempo que Deus tinha marcado, Sara concebeu e deu à luz um filho para Abraão, que já era velho" (Gn 21,1-2).

• No Egito, quando os hebreus são oprimidos pela dura servidão imposta pelo Faraó, Deus visita seu povo para libertá-lo: "Vai, reúne os anciãos de Israel e dize-lhes: O Senhor, o Deus de vossos pais, o Deus de Abraão, o Deus de Isaac e o Deus de Jacó apareceu-me, dizendo: Eu vos visitei e vi tudo o que vos sucede no Egito. E decidi tirar-vos da opressão do Egito e conduzir-vos a uma terra onde corre leite e mel!" (Êx 3,16-17).

• No tempo dos Juízes, época da difícil luta pela posse da terra de Canaã, a concepção de Sansão, também impossível do ponto de vista humano, acontece quando da visita de um anjo à mãe estéril: "Havia um homem de Saraá, do clã de Dã, que se chamava Manué. Sua mulher era estéril e não tinha filhos. O anjo de Javé apareceu à mulher e lhe disse:"Você é estéril e não tem filhos, mas ficará grávida e dará à luz um filho!" A mulher foi falar assim ao marido: "Um homem de Deus veio me visitar. Pela sua aparência majestosa, parecia um anjo de Deus" (Jz 13,2-3.6a).

• Os Profetas se referem à intervenção de Deus na vida do povo como o "dia da visita de Javé": "No dia em que eu visitar Israel, pedirei contas dos seus crimes!" (Am 3,14a).

• Os Salmos expressam a ação de Deus na História e na Natureza como visitas de Deus: "Tu visitas a terra e a regas, e sem medida a enriqueces..." (Sl 65,10). "O que é o homem, para dele te lembrares? O ser humano, para que o visites?" (Sl 8,5). "Olha do céu e vê! Vem visitar tua vinha, a muda que a tua direita plantou..." (Sl 80,15). "Lembra-te de mim, Javé, por amor do teu povo, visita-me com a tua salvação!" (Sl 106,4).

2. Em Jesus, a visita de Deus torna-se morada permanente

O Novo Testamento continuou usando o quadro referencial da visita para expressar as intervenções amorosas de Deus na História humana:

• O anúncio da concepção e nascimento de Jesus acontece quando da visita do anjo Gabriel a Maria, em Nazaré da Galileia: "No sexto mês, o anjo Gabriel foi enviado por Deus a uma cidade da Galileia chamada Nazaré. Foi a uma virgem, prometida em casamento a um homem chamado José, que era descendente de Davi. E o nome da virgem era Maria. O anjo entrou onde ela estava, e disse: 'Alegre-se, cheia de graça! O Senhor está com você!'" (Lc 1,26-38).

• Também a concepção e o nascimento de João Batista são vistos como visita de Deus ao seu Povo. Zacarias, o pai, que ficara mudo porque duvidou da palavra do anjo, ao recuperar a fala, cheio do Espírito Santo, exultou em um canto de ação de graças: "Bendito seja o Senhor, Deus de Israel, porque visitou seu povo e o libertou!" (Lc 1,68).

• Visitada por Deus, Maria se dirige apressadamente à região montanhosa para visitar Isabel, também ela visitada por Deus: "Naqueles dias, Maria partiu para a região montanhosa, dirigindo-se, às pressas, a uma cidade da Judeia. Entrou na casa de Zacarias, e saudou Isabel" (Lc 1,39-40). A visita de Maria a Isabel, como referencial para a mística do serviço dos Ministros da Visitação, será retomada na última parte de nosso escrito.

• O próprio Jesus usou o referencial da visita para se referir às iniciativas amorosas de Deus ao longo da história do Povo de Israel, como no comovente episódio em que ele lamenta a recusa do povo e chora sobre a cidade de Jerusalém: "Se tu também compreendesses hoje o que te pode trazer a paz! Agora, porém, isso está escondido aos teus olhos. Dias virão em que os inimigos farão trincheiras contra ti e te cercarão de todos os lados. Eles esmagarão a ti e a teus filhos. E não deixarão em ti pedra sobre pedra. Porque tu não reconheceste o tempo em que foste visitada!" (Lc 19,42-44).

3. Jesus se fez próximo e foi ao encontro das pessoas

Jesus desenvolveu grande parte do seu ministério se fazendo próximo das pessoas, das suas vidas, dos seus problemas, sofrimentos e dificuldades. Os Evangelhos trazem inúmeros relatos de encontros pessoais de Jesus:

• Os primeiros discípulos foram chamados em momentos de encontro, profundo e pessoal (Mt 4,18-22; Mc 1,16-20; Lc 5,1-11). Particularmente significativa é a narrativa do Evangelho de João: "Vendo Jesus que ia passando, João apontou: 'Eis o Cordeiro de Deus'. Ouvindo essas palavras, os discípulos seguiram Jesus. Jesus virou-se para trás, e vendo que o seguiam, perguntou: 'O que é que vocês estão procurando?' Eles disseram: 'Rabi (que quer dizer Mestre), onde moras?' Jesus respondeu: 'Venham, e vocês verão.' Então eles foram e viram onde Jesus morava. E começaram a viver com ele naquele mesmo dia. Eram mais ou menos quatro horas da tarde" (Jo 1,35-39). "Ver onde Jesus morava" é a expressão própria do evangelista para dizer que, a partir daquela hora, os discípulos passaram a viver uma profunda experiência de intimidade e proximidade com a pessoa de Jesus.

• No chamado de Pedro, o evangelista chama a atenção para o olhar que Jesus dirigiu a ele: "Então André apresentou Simão a Jesus. Jesus olhou bem para Simão e disse: 'Você é Simão, o filho de João. Você vai se chamar Cefas (que quer dizer Pedra)'" (Jo 1,42). O olhar de Jesus causou um impacto tão profundo na vida de Simão que, a partir daquela hora, sua vida se transformou radicalmente: ele deixou tudo e seguiu Jesus. É o que significa, na linguagem bíblica, a mudança do nome de uma pessoa, como aconteceu com Pedro.

• O encontro com Nicodemos: "Entre os fariseus havia um homem chamado Nicodemos. Era um judeu importante. Ele foi encontrar-se de noite com Jesus..." (Jo 3,1); certamente Jesus teve muitos encontros semelhantes a esse no silêncio e na tranquilidade das noites da Palestina.

• O encontro com a samaritana, em pleno meio dia, junto ao poço de Jacó: esse encontro transformou totalmente a vida daquela mulher e de seus compatriotas. É Jesus quem toma a iniciativa do diálogo, pedindo de beber à mulher: "Cansado da viagem, Jesus sentou-se junto à fonte. Era quase meio dia. Então chegou uma mulher da Samaria para tirar água. Jesus lhe pediu: 'Dá-me de beber!'" (Jo 4,6b-7). Convém ressaltar, nesse encontro, como Jesus rompe com preconceitos antigos e arraigados, causando estranheza até mesmo em seus discípulos.

• Ontem, como hoje, a aceitação de Jesus passa necessariamente pelo encontro com a sua pessoa. Não há outro caminho. O Evangelho não é uma proposta filosófica nem um conjunto de verdades, mas a proposta da pessoa de Jesus como caminho, verdade e vida, como ele mesmo disse de si mesmo: "Eu sou o caminho, a verdade e a vida!" (Jo 14,6). A visitação é pastoral que se faz no encontro próximo e profundo com o outro, na troca do olhar, no toque do coração. É aí que se dá o testemunho pessoal da fé que converte o outro para Jesus!

4. Jesus frequentava as casas e visitava as famílias

Além dos encontros pessoais, os Evangelhos relatam inúmeras visitas de Jesus às casas. Nelas Jesus realizou muitas curas e propôs muitos ensinamentos. Suas visitas levaram alívio, conforto, perdão e esperança. Ele aceitava com frequência os convites que lhe faziam para tomar refeições nas casas, desde fariseus até publicanos e cobradores de impostos, considerados pecadores públicos e impuros pela legislação da época. Recordemos alguns episódios mais marcantes:

• A visita à casa de Zaqueu: provavelmente na cidade de Jericó havia pessoas mais honestas e corretas que Zaqueu, o chefe dos cobradores de impostos. Corrupto, há muito vinha se aproveitando da função para roubar e enriquecer. Era desprezado por todos e considerado pecador público pelo povo. Contudo, Jesus faz questão de escolher justamente a casa de Zaqueu e até mesmo "se convida" a entrar. A visita de Jesus transformou totalmente a vida de Zaqueu: "Hoje, a salvação entrou nesta casa porque também este homem é um filho de Abraão!" (Lc 19,9).

• Jesus aceita o convite de Simão, o fariseu, para tomar uma refeição em sua casa: "Certo fariseu convidou Jesus para uma refeição em casa" (Lc 7,36).

• A visita de Jesus à casa de Mateus atrai até ele muitos cobradores de impostos e pecadores: "Estando Jesus à mesa, em casa de Mateus, muitos cobradores de impostos e pecadores foram e sentaram-se à mesa com Jesus e seus discípulos" (Mt 9,10).

• A visita em que Jesus cura a sogra de Pedro: "Jesus foi para a casa de Pedro, e viu a sogra de Pedro deitada, com febre. Então Jesus tocou a mão dela, e a febre a deixou. Ela se levantou e começou a servi-los" (Mt 8,14-15; cf. também Mc 1,29-31).

• Jesus atende prontamente o pedido de Jairo, chefe da sinagoga, para ir até a sua casa, onde a filha única, ainda menina, agonizava. Enquanto se dirigiam à casa, a menina veio a falecer. Jesus continuou, entrou na casa e devolveu a vida à menina: "Nesse momento chegou um homem chamado Jairo, chefe da sinagoga do lugar. Caiu aos pés de Jesus, e pediu com insistência que Jesus fosse à sua casa, porque ele tinha uma filha única, de doze anos, que estava morrendo!" (Lc 8,41-42a; cf. também Mt 9,18-26).

• Jesus frequentava também a casa dos amigos para descansar e renovar suas energias. A casa de Lázaro, Marta e Maria, em Betânia, era um desses refúgios para Jesus: "Seis dias antes da Páscoa, Jesus foi para Betânia, onde morava Lázaro, que Ele havia ressuscitado dos mortos. Aí ofereceram um jantar para Jesus" (Jo 12, 1-2; cf. também Lc 10,38-42).

• Ao enviar os discípulos em missão, Jesus os enviou dois a dois à sua frente, às vilas e aos povoados aonde Ele próprio devia ir, recomendando-lhes visitar as casas: "Em qualquer casa onde entrarem, digam primeiro: 'A paz esteja nesta casa!'" (Lc 10,5-7; cf. também Mt 10,12-15 e Mc 6,10-11).

5. As primeiras comunidades cristãs nasceram nas casas

Depois da morte de Jesus, os apóstolos e os primeiros discípulos e discípulas permaneceram fiéis às tradições do judaísmo, mas passaram a viver a novidade da pessoa e da proposta de Jesus de Nazaré. Continuaram frequentando o Templo e as sinagogas e, nas casas, celebravam a memória de Jesus partindo o pão. "Partição ou fração do pão" é expressão que se refere à ceia eucarística, que hoje chamamos de "missa". São Lucas relata essa prática: "Diariamente, todos juntos frequentavam o Templo e nas casas partiam o pão, tomando alimento com alegria e simplicidade de coração. Louvavam a Deus e eram estimados por todo o povo. E a cada dia o Senhor acrescentava à comunidade outras pessoas que iam aceitando a salvação" (At 2,46-47).

Assim foi nascendo a Igreja: em reuniões nas casas, onde se anunciava a pessoa de Jesus e se celebrava a sua memória com a fração do pão. Essa prática cristã aparece em outros relatos dos Atos dos Apóstolos:

• Em Filipos, Paulo e Timóteo permanecem certo tempo na casa de uma comerciante de tecidos, chamada Lídia: "Após ter sido batizada, assim como toda a sua família, ela nos convidou: 'Se vocês me consideram fiel ao Senhor, permaneçam em minha casa'" (At 16,13-15).

• Na cidade de Corinto, rejeitado pelos judeus da sinagoga, Paulo se hospeda na casa de um pagão, Tício Justo, e ali anuncia o Evangelho: "Por causa da resistência e blasfêmias deles, Paulo sacudiu as vestes e disse: 'Vocês são responsáveis pelo que acontecer. Não tenho nada a ver com isso. De agora em diante vou me dirigir aos pagãos'. Então Paulo foi para a casa de um pagão adorador do Deus único, certo Tício Justo, que morava ao lado da sinagoga. Assim, Paulo ficou um ano e meio entre eles, ensinando a Palavra de Deus" (At 18,6-7.11).

• As reuniões nas casas de Lídia, na cidade de Filipos, e na casa de Tício Justo, em Corinto, foram o gérmen do qual nasceram as primeiras comunidades cristãs em meio aos pagãos.

• Também Pedro anunciava o Evangelho nas casas e para isso passou a frequentar até mesmo as casas dos pagãos. A viagem de Pedro à cidade de Cesareia para atender ao chamado de um pagão, o centurião romano Cornélio, é um dos episódios mais significativos da abertura da Igreja Primitiva aos pagãos: "Vocês sabem que é proibido para um judeu relacionar-se com um estrangeiro ou entrar na casa dele. Deus, porém, mostrou-me que não se deve dizer que algum homem é profano ou impuro. Por isso, sem hesitar eu vim logo que vocês me mandaram chamar" (At 10,28-29).

• Com a pregação de Pedro, Cornélio e toda a sua família se convertem à fé cristã e são batizados. E Pedro permaneceu ainda alguns dias na casa de Cornélio. Isto significa que também a comunidade cristã de Cesareia nasceu na casa de um pagão. Vale a pena conferir todo o episódio (At 10,1-48).

6. O Evangelho anunciado no encontro pessoal

Nos primeiros tempos da Igreja, o Evangelho foi anunciado para grandes multidões. Diversos são os discursos de Pedro para o povo (At 2,14-36; 3,12-26; 4,8-12). Também Paulo, depois de convertido, prega nas sinagogas (At 13,5; 13,16.44) e até no areópago de Atenas para grandes multidões (At 17,22-31). Contudo, desde o início, o Evangelho foi anunciado também por meio do contato próximo e pessoal. Dois episódios são particularmente ilustrativos:

• O primeiro é aquele em que Filipe, conduzido pelo Espírito, se aproxima de um alto funcionário, ministro de Candace, rainha da Etiópia, em sua viagem de volta de Jerusalém. A partir do profeta Isaías, texto que o alto funcionário vinha lendo, Filipe lhe anuncia a pessoa de Jesus: "O Espírito disse a Filipe: 'Aproxime-se desse carro e o acompanhe!' Filipe correu, ouviu o eunuco ler o profeta Isaías e perguntou: 'Você entende o que está lendo?' O eunuco respondeu: 'Como posso entender, se ninguém me explica?' Então convidou Filipe a subir e a sentar-se junto dele'" (At 8,29-31).

• O segundo fato é a conversão do apóstolo Paulo, depois do misterioso encontro com Jesus a caminho de Damasco. Sua conversão se confirmou no encontro pessoal com Ananias: "Em Damasco havia um discípulo chamado Ananias. O Senhor o chamou numa visão: 'Ananias!' E Ananias respondeu: 'Aqui estou, Senhor!' E o Senhor disse: 'Prepare-se, e vá até a rua que se chama rua Direita e procure, na casa de Judas, um homem chamado Saulo, apelidado de Saulo de Tarso!'" (At 9,10-11). Com toda a certeza, esse encontro não foi rápido nem superficial, pois, Paulo era fariseu convicto e profundo conhecedor das Escrituras e das tradições judaicas. Ele mesmo escreverá mais tarde, na carta aos Gálatas: "Certamente vocês ouviram falar do que eu fazia quando estava no judaísmo. Sabem como eu perseguia com violência a Igreja de Deus e fazia de tudo para arrasá-la. Eu superava no judaísmo a maior parte dos compatriotas da minha idade, e procurava seguir com todo o zelo as tradições dos meus antepassados" (Gl 1,13-14).

• O encontro de Ananias e Paulo, em Damasco, foi um longo período de anúncio da pessoa de Jesus e de iniciação à novidade da fé cristã. Foram dias de profunda reflexão, meditação e oração que transformaram o ferrenho perseguidor no mais ardoroso e audaz apóstolo e missionário dos inícios da Igreja.

• Por fim, vale lembrar a palavra do apóstolo Tiago que, na sua carta, chama a atenção para a verdadeira prática religiosa: "Com efeito, a religião pura e sem mácula diante de Deus, nosso Pai, consiste nisto: visitar os órfãos e as viúvas em suas tribulações e guardar-se livre da corrupção do mundo!" (Tg 1,27). A "visita", na expressão do apóstolo Tiago, tem o sentido amplo de socorrer e amparar os mais fracos e pequenos, defender a vida onde ela se encontra mais fragilizada. Também a Pastoral da Visitação tem esse objetivo amplo: defender a vida, resgatar a esperança, recuperar a autoestima, devolver o sentido da vida e da fé.

Organização do Ministério da Visitação

4

1. "Hoje a salvação entrou nesta casa!"
(Lc 19,1-10)

Como já dissemos, o Ministério da Visitação é a continuidade da prática evangelizadora de Jesus e da experiência missionária das primeiras comunidades cristãs. Tem como objetivo atualizar as visitas que Jesus fazia às pessoas para "salvá-las", isto é, devolver-lhes vida e esperança, revelando o imenso e gratuito amor do Pai. Além disso, a Visitação resgata a prática pastoral dos primeiros discípulos ao anunciar Jesus e seu Evangelho por meio do contato próximo e pessoal.

Ao ser implantado o Ministério da Visitação, é importante que os visitadores tenham clareza sobre os objetivos, significados, métodos e motivações desse serviço:

• O Ministério da Visitação tem caráter evangelizador, é anúncio da Boa-Nova de Jesus. Visa a salvação no sentido mais amplo da palavra: dar novo sentido para a vida, resgatar a dignidade e os autênticos valores humanos, culturais e religiosos, devolver a autoestima, restaurar a fé e a confiança no Deus que nos ama e, em seu Filho Jesus Cristo, está comprometido com a nossa plena realização (cf. a parábola do filho pródigo: Lc 15,11-32).

• A Visitação tem, além disso, caráter missionário. Vai ao encontro de todos, mas, especialmente, daqueles que estão desgarrados, perdidos e excluídos. Como disse Jesus ao visitar Zaqueu: "Também este homem é um filho de Abraão. De fato, o Filho do Homem veio procurar e salvar o que estava perdido!" (Lc 19,10; cf. também as parábolas da ovelha e da moeda perdida: Lc 15,3-10).

• A Visitação quer ser ainda uma presença fraterna e solidária da Igreja, uma presença de encorajamento e esperança. Vai além das fronteiras confessionais e deve evitar todo proselitismo. O samaritano não perguntou se o homem, ferido mortalmente e caído à margem do caminho, era judeu ou samaritano, da sua raça ou da sua religião. Tratava-se de uma pessoa humana, carente de cuidados para escapar da morte e sobreviver. Por isso ele "chegou perto dele, viu, e teve compaixão. Aproximou-se dele e fez curativos, derramando óleo e vinho nas feridas. Depois colocou o homem no seu próprio animal, e o levou a uma pensão, onde cuidou dele..." (cf. toda a parábola contada por Jesus em Lc 10,25-37).

• Essa atitude ecumênica, de abertura e acolhimento da confissão de fé diferente, não significa descaso ou indiferença pelo resgate da fé católica. Pelo testemunho de fé e solidariedade fraterna, os Ministros da Visitação serão também instrumento de volta para a Igreja e para a comunidade cristã daqueles católicos que se afastaram ou perderam as raízes da sua fé. O Senhor, que sonda os corações e atua por meio deles, saberá a hora de amadurecer os frutos e trazer de volta para o rebanho a ovelha desgarrada.

2. Uma pastoral permanente e organizada

A Visitação é ação pastoral permanente e organizada. Não é apenas um momento de mutirão, mas sim uma ação pastoral continuada, um ministério estável e estabelecido na comunidade.

Deve ser estruturada em conjunto com as demais pastorais, especialmente aquelas que, por sua natureza, realizam visitas ou contatos com as famílias: Pastoral do Batismo, Pastoral da Criança, Pastoral da Saúde, Catequese, Ministros Extraordinários da Comunhão Eucarística, Legião de Maria, Apostolado da Oração e outros. Uma pastoral deve complementar a outra por meio da mútua ajuda, troca de informações etc.

Depois de constituído o grupo de Ministros da Visitação, é importante que se eleja uma **coordenação**, cuja função deve ser:

- Coordenar e articular todo o trabalho das equipes de visitação.
- Apoiar e animar os visitadores.
- Assegurar a unidade e a continuidade do trabalho.
- Integrar o exercício do ministério à pastoral de conjunto.
- Estabelecer a articulação com as demais pastorais.

Levando em consideração as Diretrizes Pastorais da Igreja e da Paróquia, os Ministros da Visitação devem elaborar um **programa de trabalho**, estabelecendo:

- Objetivos, metas e prazos.
- Conteúdos de reflexão para as visitas.
- Definição das áreas de atuação de cada dupla de visitadores.
- Formas de avaliação das atividades.
- Periodicidade das reuniões de planejamento e avaliação.

- Formação e capacitação contínua dos visitadores.
- Animação da espiritualidade própria do ministério.

Cada etapa do trabalho de Visitação deve ser planejada, em conjunto, por toda a equipe de visitadores, e para serem definidos os conteúdos, as metodologias e os prazos necessários. Após cada rodada de visitas, será conveniente uma avaliação do trabalho feito e a sua continuidade.

3. O trabalho das visitas

- As visitas devem ser feitas normalmente por duas ou mais pessoas. Foi Jesus mesmo quem disse: "Onde dois ou três estiverem reunidos em meu nome, eu estou aí no meio deles" (Mt 18,20). Os visitadores não vão sozinhos: Jesus caminha com eles; assim os visitadores terão mais confiança e segurança em seu trabalho pastoral.
- Antes de sair para as visitas, os visitadores devem se preparar por meio da oração, meditação e estudo da Palavra de Deus.
- Ao chegar à casa, saudar a todos cordialmente. É importante identificar-se como católicos e esclarecer os objetivos da visita. Sendo conveniente, os visitadores poderão carregar um distin-

tivo (crachá na lapela ou outro distintivo) que os identifique como membros da Igreja e Ministros da Visitação.

• Os visitadores devem visitar todas as famílias, especialmente as mais distantes e carentes da presença da Igreja, ou que atravessam momentos críticos ou difíceis, ou que tenham pessoas enfermas ou idosas.

• As visitas não podem ser forçadas; quando não forem bem recebidos ou até mesmo recusados, não se sintam desanimados, mas confiem ao Senhor a hora em que aquela porta possa se abrir para eles.

• Saber ouvir e escutar: deixar que as pessoas falem. Não ter pressa em apresentar soluções ou respostas. Sendo necessário, buscar soluções ou ajuda por intermédio de outras pessoas ou instituições de referência. Por isso é bom manter um catálogo atualizado dessas instituições ou entidades.

• A primeira finalidade das visitas não é para convencer ninguém a mudar de religião ou de Igreja. É importante acolher com serenidade a confissão religiosa diferente, valorizando os sinais de Deus em toda pessoa que o busca com o coração sincero, cultivando a abertura para o diálogo fraterno e ecumênico.

• Quando possível ou conveniente já na primeira visita, fazer um momento de oração com a família e a bênção da casa, das crianças e, se houver, dos enfermos também. Esses momentos de oração devem ser previamente preparados. Com o tempo, os visitadores poderão conhecer textos bíblicos adequados para as diferentes situações e problemas. No final deste livro, em formato de anexo, você poderá encontrar um roteiro simples e prático para a bênção da casa, dos enfermos e das crianças.

• As visitas não devem ser prolongadas e devem ser feitas em horários adequados e convenientes para a família. Devem ser cordiais, alegres e animadoras.

• Não fazer anotações durante a visita, a não ser que a situação o exija. Ao voltar, é bom que tudo seja anotado para os devidos encaminhamentos e soluções.

• Na despedida, se for conveniente, deixar marcada uma próxima visita.

• Não esquecer da necessária discrição e mesmo segredo frente às situações e aos problemas ouvidos ou percebidos.

4. Os Ministros da Visitação

Além da capacitação pessoal, é importante compreender que o Ministério da Visitação implica um verdadeiro carisma: é o Espírito que "qualifica" com seus dons algumas pessoas para que possam exercer bem esse serviço. Algumas qualidades que os Ministros da Visitação devem desenvolver:

- Capacidade de acolhimento e escuta.
- Abertura ao diferente.
- Disposição para o diálogo.
- Atitude ecumênica frente às outras Igrejas e expressões religiosas.
- Sensibilidade para estabelecer relações de amizade, confiança e ajuda.
- Cordialidade e alegria.
- Atitude de discrição e sigilo;
- Comunhão e unidade com a Igreja, a Diocese e a Paróquia.

5. Formação e espiritualidade

Para serem investidos como Ministros da Visitação, é necessário que os candidatos sejam qualificados para o exercício desse ministério, que é bastante exigente e desafiador. Será necessário organizar um curso de formação e capacitação. Além disso, será necessária uma adequada preparação espiritual, por meio de retiros ou dias de oração.

Essa formação e espiritualidade devem ser continuamente retomadas para animar, inspirar e motivar o exercício do ministério. Para isso, é importante que a coordenação estabeleça um programa de formação e espiritualidade ao longo do ano.

6. Celebração de Envio

Os Ministros da Visitação sejam oficialmente investidos em sua função. Por isso, o grupo de visitadores, depois de constituído e devidamente preparado, deve ser apresentado oficialmente à comunidade e enviado publicamente para realizar o seu ministério. Isso pode acontecer dentro de uma Celebração de Envio. Deve ser um momento solene que conte com a participação do bispo, do pároco e da comunidade paroquial. Assim, os visitadores se sentirão:

- Chamados pelo Espírito.
- Confirmados pela Igreja.
- Enviados em nome da Comunidade.

E se sentirão ungidos para dar continuidade à missão de Jesus: **resgatar a vida, devolver a esperança, revelar o imenso, gratuito e incondicional amor do Pai por todas as pessoas, preferencialmente, pelos pequenos, deserdados, marginalizados e excluídos**.

No final do livro, há um roteiro de Celebração do Envio, com várias sugestões de leituras bíblicas.

A Visita de Maria a Isabel

1. Fonte de inspiração para a mística da Visitação

A visita de Maria à casa de Zacarias e Isabel é fonte de inspiração para a mística que deve animar o serviço dos Ministros da Visitação. Por isso, queremos concluir nosso escrito tecendo alguns comentários sobre o episódio, narrado somente pelo evangelista Lucas (1,39-56).

No primeiro capítulo do seu Evangelho, Lucas constrói como que uma "ponte" entre o Antigo e o Novo Testamento. Contrapondo "templo e casa", "velhice e juventude", "esterilidade e fecundidade", ele faz um paralelo entre o "antigo" e o "novo", entre João Batista, último profeta do Antigo Testamento e Jesus, a novidade de Deus. João Batista é anunciado no templo, nascerá de pais idosos e estéreis. É o fechamento de uma era, chega ao fim o tempo da promessa e da espera. Começa agora o "novo": Jesus é anunciado na casa, em Nazaré da Galileia, e nascerá de uma mulher jovem, virgem e cheia de fecundidade. É a realização da promessa, o começo de uma nova era, o tempo da irrupção definitiva de Deus na história humana.

• Zacarias e Isabel são figuras-tipo do povo, piedoso e fiel, que aguardava na esperança a "hora de Deus!" Representam aqueles que, no Antigo Testamento, são chamados "anawim", palavra hebraica que significa "pobres". São os "pobres de Javé", aqueles que esperam e confiam em Deus, pois, acreditam no seu amor fiel e porque somente Ele pode lhes valer. São exatamente aqueles que Jesus vai proclamar bem-aventurados (Lc 6,20-26; Mt 5,1-12).

• Zacarias é sacerdote da Antiga Aliança que, em determinadas épocas do ano, prestava serviços no Templo, em Jerusalém. É no Templo, no desempenho das suas funções, que ele recebe o anúncio de que Isabel, sua esposa, está grávida. Isabel é estéril e avançada em idade. A criança que vai nascer dessa gravidez, praticamente impossível do ponto de vista humano, é João Batista, o último dos antigos profetas e o primeiro a anunciar a irrupção do novo, a chegada dos tempos messiânicos, a chegada do Messias.

• Maria, por sua vez, recebe o anúncio do anjo Gabriel na casa, em Nazaré da Galileia. Agora já não é mais o "templo" (o "antigo" que passou), mas sim a "casa" (o "novo" que chega), o espaço da Boa-Nova de Deus para a humanidade. Maria é jovem, fértil, noiva virgem prometida em casamento a José. Acolhendo a palavra do anjo, antes mesmo de coabitar com José, ela se torna grávida pela ação do Espírito Santo. Ela é figura-tipo da Igreja, do novo Povo de Deus, que dá à luz Jesus, o Filho enviado pelo Pai para realizar a plenitude dos tempos messiânicos: "O Espírito Santo virá sobre você e a força do Altíssimo a cobrirá com a sua sombra. Por isso, o Santo que vai nascer de você será chamado Filho de Deus" (Lc 1,35).

Ao receber do anjo a notícia da gravidez de Isabel, Maria se dirige apressadamente à região montanhosa, à casa de Zacarias. Vejamos a narrativa de Lucas, tecendo alguns comentários sobre os versículos que nos parecem significativos para a mística da Visitação:

"Naqueles dias, Maria partiu para a região montanhosa, dirigindo-se, às pressas, a uma cidade da Judeia. Entrou na casa de Zacarias e saudou Isabel. Quando Isabel ouviu a saudação de Maria, a criança se agitou no seu ventre e Isabel ficou cheia do Espírito Santo. Com um grande grito

exclamou: 'Você é bendita entre as mulheres e é bendito o fruto do seu ventre! Como posso merecer que a mãe do meu Senhor venha me visitar? Logo que a sua saudação chegou aos meus ouvidos, a criança saltou de alegria no meu ventre. Bem-aventurada aquela que acreditou, porque vai acontecer o que o Senhor lhe prometeu'. Então Maria disse: 'Minha alma proclama a grandeza do Senhor, meu espírito se alegra em Deus, meu salvador...'" (Lc 1,39-47).

2. Boas notícias têm pressa de chegar!

"Maria partiu para a região montanhosa, dirigindo-se, às pressas, a uma cidade da Judeia."
(Lc 1,39)

Lucas faz questão de ressaltar a "pressa" com que Maria se dirige à casa de Zacarias e Isabel. Como dissemos, eles são figuras-tipo daquela parte do povo que confia e aguarda a "hora" de Deus. E essa espera já dura séculos! Quanto maior a espera, maior a expectativa. Por isso Maria tem pressa de levar a eles a boa notícia que ela carrega em seu seio, pois, já está grávida de Jesus, o Messias prometido, o Filho enviado pelo Pai! Ontem como hoje, os pobres vivem de esperanças e continuam carentes de boas notícias. Só Deus pode lhes valer. Eles precisam, com urgência, de boas notícias. Por intermédio dos Ministros da Visitação, a Igreja deve se apressar para levar até eles o Evangelho da salvação, a boa notícia de que Deus continua fiel ao seu amor, que a sua "hora" chegou!

3. Revelar os sinais da proximidade de Deus!

"Você é bendita entre as mulheres e é bendito o fruto do seu ventre!" (Lc 1,42)

Contudo, a Boa-Nova do Evangelho não pode ser apenas palavra pronunciada pela boca. Como Maria, os Ministros da Visitação devem como que estar "grávidos" de Jesus, revelando já os sinais da sua presença por meio do serviço fraterno e solidário. A Pastoral da Visitação é um serviço em favor da vida das pessoas visitadas que, em muitas circunstâncias, precisam de ajuda concreta e socorro urgente para continuar vivendo. Os visitadores devem estar atentos não somente aos problemas de ordem espiritual, mas também àqueles de ordem material: saúde, educação, emprego, moradia etc. Maria, carregando Jesus em seu seio, fez uma visita de solidariedade e ajuda concreta à prima grávida e idosa, carente de cuidados. Assim também os Ministros da Visitação. Ao prestar ajuda sincera e gratuita, resgatando a esperança e animando a vida das pessoas, os visitadores estarão também levando e revelando a presença de Jesus. E certamente escutarão, de outros jeitos e formas, as palavras agradecidas que Isabel dirigiu a Maria: "Você é bendita entre as mulheres e é bendito o fruto do seu ventre! Como posso merecer que a mãe do meu Senhor venha me visitar?" (Lc 1,42-43).

4. Falar de sonhos e esperanças!

"Logo que a sua saudação chegou aos meus ouvidos, a criança saltou de alegria no meu ventre!" (Lc 1,44)

Sentindo a criança saltar de alegria no seu seio, tocada pelo Espírito Santo, Isabel solta um grande grito. Como no seio de Isabel, há muitos gritos por vida e liberdade no seio do nosso povo e que aguardam a hora do parto! Há muitos clamores que o povo pobre e oprimido quer gritar bem alto, mas sua voz é abafada ou não há ninguém que os escute. A Visitação deve ouvir esses clamores, dar vez e voz a essas pessoas, ajudá-las a gritar seus anseios e necessidades, ajudá-las no parto doloroso e difícil de seus sonhos e de suas esperanças, tantas vezes calados pelo sistema excludente e repressor da nossa Sociedade. O grito de Isabel é o grito do povo que pressente a proximidade e a ação do Espírito de Deus, capaz de fecundar e fazer nascer os sonhos de vida e liberdade que estão em seu seio. O trabalho da Visitação é como o trabalho das parteiras, facilitando o nascimento de muita vida no meio do povo confiado aos seus cuidados.

5. Contar e cantar as maravilhas de Deus!

"Bem-aventurada aquela que acreditou, porque vai acontecer o que o Senhor lhe prometeu!" (Lc 1,45)

Por fim, os Ministros da Visitação podem acreditar que o seu trabalho em favor da vida e do Reino de Deus não será em vão. Eles não serão decepcionados em sua fé. Deus fecundará seus esforços e poderão experimentar muitas alegrias em seu ministério. Ao se fazerem próximos das pessoas e solidários nas suas dores, colocando-se a serviço delas e resgatando seus sonhos e esperanças, os visitadores serão testemunhas das maravilhas que Deus realiza por meio deles. Com Maria, poderão proclamar como Deus é capaz de realizar grandes coisas até mesmo por meio das suas limitações e fragilidades. E com Maria poderão também cantar aos quatro ventos o amor e a fidelidade de Deus, que realizou e continua realizando maravilhas em favor do seu Povo: **"Minha alma engrandece o Senhor, e meu espírito exulta em Deus, meu Salvador! Porque olhou para a humilhação de sua serva. Sim! Doravante todas as gerações me chamarão de bem-aventurada, pois o Todo-Poderoso fez**

grandes coisas em meu favor. Seu nome é santo, e sua misericórdia perdura de geração em geração para aqueles que o temem!" (Lc 1,46-50).

CELEBRAÇÃO DO ENVIO

VISITAÇÃO
Ministério da

Este roteiro de Celebração do Envio poderá ser enriquecido e adaptado pela equipe de celebração da comunidade. Preservando a tradição orante da Igreja, importa ser criativo, recorrendo a símbolos e gestos que motivem a oração e a participação da Assembleia.

1. Acolhida, saudação e motivação inicial

Comentarista *(com estas ou outras palavras)*:

Reunidos para celebrar a memória de Jesus, queremos realizar hoje o envio missionário daqueles que foram escolhidos para exercer o serviço de Ministros da Visitação. Em comunhão com a Igreja e com os nossos pastores *(citar o nome do bispo e do pároco)*, vamos invocar a força do alto, do Espírito de Deus, para que estes irmãos e irmãs de fé continuem a missão evangelizadora de Jesus junto ao povo, especialmente, junto aos mais pobres, excluídos e sofridos, junto àqueles que se encontram mais distantes e carentes da presença da Igreja. Acolhendo nossos celebrantes e ministros, cantemos!

(Durante o canto, os novos ministros entram juntamente com os celebrantes.)

2. Ritos iniciais
3. Rito penitencial
4. Canto do glória
5. Oração do celebrante

(Podem ser usadas as orações da missa pela Evangelização dos Povos. Cf. Formulários das Missas para diversas circunstâncias, no Missal Romano.)

6. Liturgia da Palavra
(A equipe de celebração deverá escolher previamente as leituras: a primeira, tirada do Antigo Testamento; a segunda, do Novo Testamento; a terceira, dos Evangelhos. Segue uma lista de sugestões:)

Leituras do Antigo Testamento

Gn 12,1-3: "Em você todas as famílias da terra serão abençoadas!"

Êx 3,1-10: "Vá, eu envio você ao Faraó para tirar do Egito o meu povo!"

Is 6,1-8: "A quem enviarei? Quem irá por nós? Respondi: Aqui estou! Envia-me!"

Jr 1,4-10: "Eu o consagrei para fazer de você profeta das nações!"

Leituras do Novo Testamento

1Cor 9,16-23: "Ai de mim se eu não anunciar o Evangelho!"

1Tm 1,12-17: "Sou agradecido àquele que me deu forças, Cristo Jesus, Nosso Senhor, pela confiança que teve em mim, colocando-me a seu serviço!"

2Tm 1,6-12: "Eu o convido a reavivar o dom de Deus que está em você pela imposição de minhas mãos!"

Evangelhos

Mt 4,18-22: "Sigam-me, e eu farei de vocês pescadores de homens!"

Mt 5,13-16: "Vocês são o sal da terra... Vocês são a luz do Mundo!"

Mt 28,16-20: "Vão e façam com que todos os povos se tornem meus discípulos!"

Mc 1,16-20: "Eles imediatamente deixaram as redes e seguiram a Jesus!"

Lc 5,1-11: "Avance para águas mais profundas e lancem as redes para a pesca!"

Lc 10,1-11: "O Senhor escolheu outros setenta e dois discípulos..."

Jo 20,19-23: "Assim como o Pai me enviou, eu também envio vocês!"

7. Rito do envio *(após a homilia)*

- **Chamada e apresentação dos novos ministros.**
- **Exortação do bispo ou pároco** sobre o serviço e a responsabilidade dos novos ministros.
- **Fórmula de compromisso** (rezada por todos os novos ministros ou apenas por um representante):

Senhor, acolhemos com alegria o vosso chamado para sermos Ministros da Visitação! Nós nos comprometemos a exercer este ministério em comunhão com nossos pastores e com toda a Igreja. Queremos ser presença libertadora e misericordiosa de vosso Filho Jesus junto a todos aqueles aos quais seremos enviados! Ungi-nos com a graça e a força do vosso Espírito, para que possamos exercer, com fidelidade e amor, este mi-

nistério que hoje nos confiais! Que Maria, mãe da Igreja, nos anime e guie pelos caminhos da Visitação! Amém!

• **Invocação ao Espírito Santo**

Cantos: "A nós descei, divina luz!", ou "Vem, vem, vem! Vem, Espírito Santo de amor!"

• **Oração da bênção**

O bispo ou pároco *(impondo as mãos sobre os novos ministros)*: Senhor, ouvi a oração da vossa Igreja, e derramai sobre ela a graça do vosso Espírito! Considerai com amor estes vossos filhos e filhas! Guiai, com vossa mão, os seus passos, e fortalecei-lhes o ânimo, para que não se deixem abater pelo trabalho e pela fadiga! Fazei que suas palavras sejam o eco da voz de Cristo, capazes de atraírem para a obediência do Evangelho aqueles que as escutarem. Infundi o Espírito Santo em seus corações, para que possam conduzir para Vós, ó Pai, muitos filhos que vos glorifiquem na Igreja. Por Cristo, nosso Senhor!
Todos: Amém!

• **Entrega da cruz ou distintivo dos Ministros da Visitação.**

O bispo ou pároco benze as cruzes, dizendo: Senhor, Pai santo, que quisestes fazer da cruz do vosso Filho fonte de todas as bênçãos e causa de todas as graças, dignai-vos abençoar estas cruzes e concedei aos que as trouxerem consigo que procurem transformar-se na imagem do vosso Filho. Que vive e reina para sempre!

Todos: Amém!

Bispo ou pároco *(entregando a cruz)*: Recebe esta cruz, símbolo do amor de Cristo e da missão para a qual a Igreja te escolheu!

Ministro: Amém!

(Enquanto se faz a entrega, canta-se: "Envia teu Espírito, Senhor, e renova a face da terra!" ou "Presente Tu estás desde o princípio!" ou outro canto adequado ao momento e conhecido na comunidade.)

8. Profissão de fé

9. Preces

Bispo ou pároco: Rezemos ao Senhor, Pai de misericórdia, que ungiu com o Espírito Santo o seu Filho para evangelizar os pobres, curar os corações contritos, consolar os que sofrem, e lhe digamos com toda a confiança:

Todos: Derramai sobre nós a força do vosso Espírito Santo!

Leitor: Ó Deus, eterno e criador, que quereis a salvação de todas as pessoas e desejais que todos cheguem ao conhecimento da verdade: fortalecei a nossa fé e o nosso compromisso com o Evangelho de vosso Filho, rezemos!

Leitor: Ó Deus, doador da vida e de todos os dons, que quisestes vos revelar a todos os povos e nações: dai-nos um coração reto e sincero para escutar a vossa palavra e anunciá-la a todas as pessoas, rezemos!

Leitor: Ó Deus, Pai misericordioso, que enviastes vosso Filho Jesus para evangelizar os pobres, anunciar a redenção dos cativos e proclamar um tempo de graça e salvação: que a vossa Igreja se faça próxima e solidária de todas as pessoas, rezemos!

Leitor: Ó Deus, defensor dos pobres e consolador dos aflitos, que quereis libertar e salvar todas as pessoas: que vossa Igreja seja instrumento de vida, esperança e libertação, rezemos!

Bispo ou pároco: Atendei, ó Pai, as preces da vossa Igreja! Derramai sobre ela a graça do vosso Espírito e fazei de nós instrumento do vosso amor e da vossa paz! Por Cristo, nosso Senhor!

Todos: Amém!

10. Bênção final
(Depois da oração da pós-comunhão)

Bispo ou pároco *(de mãos estendidas sobre os Ministros da Visitação)*: Que o Senhor vos faça men-

sageiros do Evangelho e testemunhas do seu amor no mundo!
Ministros: Amém!
Bispo ou pároco: O Senhor Jesus dirija os vossos passos e confirme as vossas palavras!
Ministros: Amém!
Bispo ou pároco: O Espírito do Senhor permaneça sobre vós para que possais evangelizar os pobres, curar os corações feridos e levar vida e esperança a todas as pessoas!
Ministros: Amém!
Bispo ou pároco: E a todos vós, aqui reunidos, abençoe-vos Deus todo poderoso, Pai e Filho e Espírito Santo!
Todos: Amém!

Bênção da Casa

VISITAÇÃO
Ministério da

Dirigente: Em nome do Pai e do Filho e do Espírito Santo!
Todos: Amém!
Dirigente: A paz esteja nesta casa!
Todos: E com todos os seus moradores!

(Faz-se a leitura e breve reflexão da Palavra de Deus. Textos sugeridos: Lc 1,39-45; Lc 10,1-6; Lc 19,1-10; 2Sm 7,28-29.)

Oração do Salmo 128 (127)
Dirigente: Feliz és tu se temes o Senhor e trilhas seus caminhos! Do trabalho de tuas mãos hás de viver, serás feliz, tudo irá bem!
Todos: Feliz aquele que ama o Senhor e guarda os seus mandamentos!

Dirigente: A tua esposa é uma videira bem fecunda no coração da tua casa; os teus filhos são rebentos de oliveira ao redor de tua mesa!

Todos: Feliz aquele que ama o Senhor e guarda os seus mandamentos!

Dirigente: Será assim abençoado todo aquele que teme o Senhor. O Senhor te abençoe cada dia de tua vida para que vejas prosperar a tua casa e os filhos dos teus filhos!

Todos: Feliz aquele que ama o Senhor e guarda os seus mandamentos!

Dirigente: Oremos: Senhor, Deus de nossos pais e Criador de todas as coisas, dignai-vos abençoar, santificar e enriquecer esta casa com todos os vossos bens. Derramai sobre esta família a abundância das bênçãos do céu! Que a mesa lhes seja farta e saibam repartir seu pão com os mais pobres e necessitados. Que sua porta seja hospitaleira e aberta para acolher a todos. Afastai desta casa toda discórdia e desunião. Nela reine o entendimento e o perdão e brilhe a alegria, o amor e a paz. Que vossos anjos guardem esta casa e protejam seus moradores, guiando-os em vossos caminhos. Manifestai, enfim, o poder do vosso santo nome e abençoai esta casa assim como abençoastes as casas de Abraão e Sara, de Maria e José! Por Cristo, Nosso Senhor!

Todos: Amém!

(Durante a aspersão da casa com a água benta, todos cantam: "Abençoa, Senhor, as famílias, amém! Abençoa, Senhor, a minha também!" Em seguida, o dirigente convida os presentes a dar as mãos e rezar juntos o Pai-nosso, *a* Ave-Maria *e o* Glória ao Pai.*)*

Dirigente: "O Senhor vos abençoe e vos guarde! Faça brilhar sobre vós a sua face e vos seja favorável! O Senhor volte para vós o seu rosto e vos dê a paz!" (Nm 6,24-26).
Todos: Amém!
Dirigente: Vamos em paz e que o Senhor nos acompanhe!
Todos: Graças a Deus!

BÊNÇÃO DOS ENFERMOS

VISITAÇÃO Ministério da

Dirigente: Em nome do Pai e do Filho e do Espírito Santo!
Todos: Amém!
Dirigente: A graça e a paz de Deus, nosso Pai, e de Jesus Cristo, nosso Senhor, estejam convosco!
Todos: Bendito seja Deus que nos reuniu no amor de Cristo!

(Faz-se a leitura e breve reflexão da Palavra de Deus. Textos sugeridos: Mt 11,28-30; Mc 6,53-56; Rm 8,18-23; 2Cor 1,3-7.

Após a reflexão, pode-se rezar um dos seguintes salmos: 116[114] ou 6,23[22], 71[70], 86[85], 121[120].)

Dirigente: Rezemos com toda a confiança a Jesus, nosso Senhor e Salvador, para que venha confortar e

consolar, com a sua graça, este nosso irmão enfermo *(esta nossa irmã enferma)* e digamos:
Todos: Senhor, confortai este vosso filho *(esta vossa filha)*!
Dirigente: Senhor Jesus, que vos sujeitastes ao sofrimento e carregastes as nossas dores, e cheio de compaixão visitastes e curastes os enfermos!
Todos: Senhor, confortai este vosso filho *(esta vossa filha)*!
Dirigente: Senhor Jesus, pela vossa graça e pelo vosso amor, renovai o ânimo e o vigor deste nosso irmão *(desta nossa irmã)*! Aliviai os seus sofrimentos e fortalecei a sua fé. Pelo poder do vosso Espírito, devolvei a ele(a) a saúde, a alegria e a paz!
Todos: Senhor, confortai este vosso filho *(esta vossa filha)*!

Canto *(todos estendem a mão sobre o enfermo.)*
Cura, Senhor, onde dói! Cura, Senhor, bem aqui! Cura, Senhor, onde eu não posso ir! (2x)

Dirigente: Rezemos juntos a oração que o Senhor nos ensinou!
Todos: Pai nosso...
Dirigente: Oremos: Senhor, nosso Deus e nosso Pai, olhai este vosso filho (esta vossa filha), cujo corpo está prostrado pela enfermidade, e confortai esta pessoa que criastes com tanto amor, a fim de que, purificado(a) pelo sofrimento, logo se sinta res-

tabelecido(a) por vossa bondade! Por Cristo, nosso Senhor!
Todos: Amém!

Dirigente *(estendendo a mão sobre o[a] enfermo[a])*: Que Deus, nosso Pai, vos dê a sua bênção!
Todos: Amém!
Dirigente: Que Jesus, nosso Senhor e Salvador, vos conceda a saúde do corpo e da alma!
Todos: Amém!
Dirigente: Que o Espírito Santo vos fortaleça, guie e ilumine!
Todos: Amém!
Dirigente: E a todos nós aqui reunidos, abençoe-nos nosso Deus, o Pai, o Filho e o Espírito Santo!
Todos: Amém!
Dirigente: Vamos em paz e que o Senhor nos acompanhe!
Todos: Graças a Deus!

BÊNÇÃO DAS CRIANÇAS

VISITAÇÃO Ministério da

(As crianças permanecem no meio e os adultos ao seu redor.)

Dirigente: Em nome do Pai e do Filho e do Espírito Santo!
Todos: Amém!
Dirigente: A graça e a paz de Deus, nosso Pai, e de Jesus Cristo, nosso Senhor, estejam convosco!
Todos: Bendito seja Deus que nos reuniu no amor de Cristo!

(Faz-se a leitura e breve reflexão da Palavra de Deus. Textos sugeridos: Mc 10,13-16; Lc 2,41-52.)

Dirigente: Invoquemos a Jesus, que nos ensinou a acolher e a amar as crianças, dizendo:
Todos: Ensinai-nos, Senhor, a vos acolher nas crianças!
Leitor: Jesus, um dia vos fizestes criança, vivendo e crescendo com Maria e José na família de Nazaré: fazei que as crianças desta família cresçam também em sabedoria, idade e graça, rezemos!
Todos: Ensinai-nos, Senhor, a vos acolher nas crianças!
Leitor: Jesus, um dia acolhestes e abençoastes as crianças: ensinai-nos a cuidar das nossas crianças com responsabilidade, ternura e amor, rezemos!
Todos: Ensinai-nos, Senhor, a vos acolher nas crianças!
Leitor: Jesus, vós nos ensinastes a acolher o vosso Reino com a simplicidade das crianças: ajudai-nos a trabalhar para que todas as crianças sejam respeitadas e amadas, rezemos!
Todos: Ensinai-nos, Senhor, a vos acolher nas crianças!
Dirigente: Oremos: Senhor Jesus Cristo, vós que acolhestes e abençoastes as crianças, e dissestes: "Deixai vir a mim as crianças porque delas é o Reino do Céu" (Mc 10,14), abençoai as crianças desta casa! Que elas cresçam em sabedoria, idade e graça. Cercadas do amor e dos cuidados de seus pais, que elas aprendam os caminhos do bem, da verdade e do

amor. Pedimos isso a vós que sois Deus com o Pai e o Espírito Santo!
Todos: Amém!

Canto
Nossas crianças serão abençoadas, pois, o Senhor vai derramar o seu amor! (2x) Derrama, Senhor, derrama, Senhor, derrama sobre elas teu amor! (2x)

Dirigente: "O Senhor Jesus, que amou as crianças, vos abençoe e vos guarde em seu amor!
Todos: Amém!
Dirigente: Vamos em paz e que o Senhor nos acompanhe!
Todos: Graças a Deus!

BIBLIOGRAFIA

Diretrizes Gerais da Ação Evangelizadora da Igreja no Brasil (Quadriênio 2003 a 2006). Documentos da CNBB n. 71. Paulinas 2003.

Diretrizes Gerais da Ação Evangelizadora da Igreja no Brasil (Quadriênio 2019 a 2023). Documentos da CNBB n. 109. Edições CNBB 2019.

Exortação Apostólica "Evangelii Gaudium" ("A Alegria do Evangelho") do Papa Francisco. Paulinas 2013.

Missão e Ministérios dos Cristãos Leigos e Leigas. Documentos da CNBB n. 62. Paulinas 1999.

Projeto Nacional de Evangelização (2004-2007). "Queremos ver Jesus, Caminho, Verdade e Vida". Documentos da CNBB n. 72. Paulinas 2003.

BOFF, Clodovis: Uma Igreja para o Novo Milênio. Paulus 1998.

RODRIGUES, Maurílio Alves e Braga, Tâmara Ruth: Ministério da Visitação, o corpo-a-corpo da nova evangelização. Vozes 1996.

PALEARI, Giorgio: Espiritualidade e Missão. Paulinas 2001.

MOSCONI, Luís: Santas Missões Populares. Paulinas 1996.